LA NUEVA RUTA DE LA SEDA

Juanjo Castelló

COLECCIÓN IMAGINAL

LA NUEVA RUTA DE LA SEDA

© Juan José Castelló Martínez
© Ilustración de portada:
  José Luis Rivero del Campo
© de esta edición: Olé Libros, 2024

ISBN: 978-84-10053-10-6
Depósito legal: V-516-2024
Impreso en España

KALOSINI, S. L.
Grupo editorial olélibros
equipo@olelibros.com
www.olelibros.com

JUANJO CASTELLÓ

Juanjo Castelló (Muro, Alicante) es licenciado en Filología Hispánica por la Universidad Autónoma de Barcelona y P.D.G. por el IESE (Universidad de Navarra).

Su trayectoria profesional la desarrolló en el campo de la docencia, en la función pública y, sobre todo, en el sector financiero donde ocupó cargos de responsabilidad en distintas entidades bancarias de nuestro país. Comparte al cincuenta por ciento dos grandes pasiones: la música y la poesía.

En el campo musical, ha realizado distintas colaboraciones con la Orquesta Sinfónica de Alicante. Ha grabado, asimismo, un disco de canción ligera: *Entre luces* (2010) y un libro-CD: *Para ti Chavela* (2015), un sentido homenaje a la memoria de Chavela Vargas, que incluye una canción de su autoría y distintos éxitos de la popular intérprete costarricense-mexicana.

La nueva ruta de la seda es el octavo poemario que ve la luz, después de *Agenda de haikus* (2006), Recuerdos, caricias y miserias (2006), *Nunca camines descalzo* (2019), Ráfagas (2020), *La fuente de Némesis* (2022), *L'àtic* (2022) y *Generació AZ* (2022). Es autor de distintos artículos —culturales y de gestión empresarial— en revistas y otras publicaciones especializadas.

A Miguel, Alejandro, Lluc y María,
grumetes en la nueva travesía.

Literature is the original internet —every footnote, every citation, every allusion is essentially a hyperlink to another text, to another mind.
MARIA POPOVA

NOTA DEL AUTOR

La irrupción de internet a finales del pasado siglo y el desarrollo de las nuevas tecnologías en las primeras décadas del presente han significado sin duda una nueva revolución en todos los sectores: el de las comunicaciones, el de la industria y, también, el de las artes. La poesía tampoco ha sido ajena a esta tendencia. Y varios movimientos han surgido al calor de las actuales herramientas.

Con este poemario, *La nueva ruta de la seda*, he intentado hacer un mosaico de equilibrios entre las pasadas corrientes poéticas y las más actuales. Hay un reconocimiento a los autores consagrados. Cada una de las cinco partes del poemario lleva por título un verso de un poeta reputado: Dámaso Alonso, Miguel Hernández, Thomas Moore, Jorge Riechmann y Bob Dylan. Y a continuación, una cita de los autores surgidos en los últimos años: Erika Martínez, Óscar García Sierra, Alba Flores Robla, Luna Miguel, Hasier Larretxea y Elvira Sastre, que abre el Preámbulo. Porque, a pesar de las lógicas diferencias, en todos ellos hay —no podía ser de otra manera— un elemento aglutinador: la *palabra*, ese vehículo, tan humilde como preciso, que, en su innegable afán de diálogo con el mundo, transporta los sentimientos y las inquietudes del poeta hasta sus semejantes, hasta sus lectores, independientemente de la escuela, tendencia o movimiento al que pertenezca. Sí, la palabra es a la vez semilla, savia y fruto de la emotividad conjunta del binomio poeta-lector en cualquier tiempo y en cualquier lugar.

Junto a este equilibrio he buscado otras armonías, como la del mundo analógico y el universo digital, tan difícil de lograr para aquellos que cursamos todavía los dos bachilleres con sus respectivas reválidas:

> A los setenta, repartidos
> entre dos siglos
> y dos milenios, quiero ser
> tecnológicamente avanzado.
>
> (Del poema *Intento de equilibrio*)

o la del entorno que rodea a la juventud y el escenario en el que se circunscribe la vejez. Quiero dedicar unas líneas —pocas— a este equilibrio, tal vez el más preocupante para quienes hemos atravesado la barrera de los setenta: en la última etapa de la madurez, empezamos a abdicar del cuerpo. No así de la mente a la que seguimos prestando la atención debida. Pero el cuerpo va cayendo poco a poco en el olvido. Y también en el campo somático debemos luchar con todas las fuerzas para no naufragar en esta travesía. Posiblemente, logremos resultados sorpresivos. Nuestras armas han de ser la alimentación, el ejercicio y, por qué no decirlo, el sexo. Si cuidamos estas tres parcelas, lógicamente adaptadas a la edad, tendremos mucho terreno ganado para conseguir el equilibrio corporal (aunque no soy un experto en estos asuntos y quiero dejar constancia de ello). El poema más corto del libro es una invitación a la reflexión sobre este punto:

Sentir tu cuerpo junto al mío.
Y, más que de las olas, acordarme del mar.

(Del poema A la vejez)

Estos son los tres pesos de la balanza que subyacen en los versos del libro: el reto poético, la exigencia tecnológica y el declive etario, tres requerimientos a los que se deben enfrentar los autores de mi generación y que yo, desde mi modesta posición, he intentado nivelar acudiendo a nuestros mayores, surcando las aguas de internet, navegando por los mares de la tecnología puesta a nuestro alcance, en definitiva, atravesando *la nueva ruta de la seda*. Convencido, no obstante, de que en poesía la inteligencia emocional (IE) vencerá con toda seguridad a la inteligencia artificial (IA) en esa ardua batalla que actualmente ya presenta las primeras escaramuzas.
El poema, pues, siempre tendrá la última palabra.

El universo de mi web
une las aguas de dos puertos:
el *antes* y el *después*,
los muelles de salida y de llegada.
En realidad, el mismo embarcadero,
donde no existe el tiempo ni el espacio.

(Del poema La nueva ruta de la seda I)

La palabra, no obstante,
sigue siendo la reina en una corte
de *bytes* y melodías electrónicas.

(Del poema Generaciones)

Pero tú, como socio
al cincuenta por ciento de estos versos,
tienes la llave, puedes entrar, pasa
a mi *dark web*, no tengas miedo:
navegarás por entre mis luces y mis sombras.

(Del poema *Mi parte oculta*)

Te estoy muy agradecido, querida lectora/estimado lector, por la generosidad que demuestras al dedicarme una parte de tu tiempo.

Alicante, febrero 2024
Juanjo Castelló

Preámbulo

La vida es para quien se conforma.
La poesía,
para quien sueña y desea...
y no tiene miedo de contarlo.

ELVIRA SASTRE

Ninguna web describe mi extravío

Identidad

Como aquella *mujer con alcuza* (*)
    —anciana, desolada—,
deambula un hombre
entre la vega y el secano,
entre tierras holladas y calles de alquitrán,
entre jardines y bancales lóbregos
sembrados de difuntos.

Va despacio arrastrando los pies,
desgastando suela, desgastando losa.

Vive el más crudo invierno.
Hace tiempo que el tren llegó a destino
sin posibilidad de vuelta atrás.
Pero a pesar del deterioro
que sufren pies y abarcas,
pese a la soledad, al frío
y al azadón que le socava el alma,
aún brilla en su pecho el palpitante
fulgor de la luciérnaga en verano.

Sin duda, tiene la paciencia
paterna y la energía de la madre.
Heredó la canción del arrullo materno
y la lágrima fácil del sauce de su padre.
Proviene el feminismo que atesora
de la marginación que sus abuelas padecieron.
Y el amor por el pueblo, del exilio
que soportaran sus abuelos.

(*) *Mujer con alcuza*, poema de Dámaso Alonso

Acaso reencarnarse sea vivir a pedacitos
entre las diferentes ramas del árbol genealógico.

Todos los días se plantea
empezar una nueva vida
en un lugar desconocido,
con otro ánimo, con otra gente.
Pero el momento nunca llega.

Ajeno al tiempo, su reloj sonríe
y las dos manecillas, sobrepuestas,
le invitan a tomar la decisión:
marcan las doce de la noche,
las cero horas, el momento exacto.
Se inicia un nuevo recorrido,
a buen seguro idéntico al de ayer.

Que todo sea previsible
altera sus neuronas.
La concordia excesiva es el oráculo
que suele predecir la tempestad:
hipocondría y neurastenia
ahora son sus compañeras.
Nadie está a salvo de sí mismo.

Aunque de vez en cuando le visita
un arrebato incontenible
de adolescencia y juventud,
ya no camina:
los zapatos apenas tienen suela.

Tampoco duerme: no posee techo
ni cama ni somnífero.
Un día de estos morirá de insomnio
o de esclerosis múltiple.
Es muy posible que suceda
durante su actual ocupación.

Soy viejo discontinuo.

La nueva ruta de la seda

I

El universo de mi web
une las aguas de dos puertos:
el *antes* y el *después*,
los muelles de salida y de llegada.
En realidad, el mismo embarcadero,
donde no existe el tiempo ni el espacio.

En esta extraña y corta travesía,
el navegador fija
imágenes oscuras, sucesos imprecisos,
vagos deseos,
                anhelantes, todos,
de renacer en forma de poema.

Los bits se afanan en armar los versos.

II

Exploro.
Deambulo en la umbría digital
por los caminos
de un mundo paralelo.
Pero ninguna web describe mi extravío.

III

Después de largas horas
de travesía por la Red,
cierro los ojos:
veo las tierras del secano,
la pantalla de fondo de mis sueños.

Sí. Soy el internauta que,
tras la navegación
por inéditos mares
y aguas nunca surcadas
—*la nueva ruta de la seda*—,

halla la calma y el refugio
en los bancales de la infancia,
entre almendros y olivos
                    que se aferran
a una tierra seca y pedregosa.

ESCÁNER

*Con A. Machado,
humildemente.*

Mi pretérito: siete décadas
que a tientas transcurrieron
y que frecuentemente resucitan
entre la niebla del recuerdo.

Mi presente: la órbita del hámster
que da vueltas sin tregua
en la espiral de Cronos:
un viaje recurrente por el bucle del tiempo.

Mi porvenir: apenas unos años
y una indudable convicción:
pronto me alcanzarán esos pasos silentes,
oscuros: ¡ya estremecen la pátina del mármol!

Intento de equilibrio

A los setenta, repartidos
entre dos siglos
y dos milenios quiero ser
tecnológicamente avanzado.

Me comunico con la vida
mediante *e-mails* o *whatsapps*
sin texto, sin palabras.
Tan solo emoticonos.

La Wikipedia es
mi enciclopedia de consulta.
Leo *e-books.* Y versos
en las redes sociales:
Facebook, Instagram, Twitter...

Cuelgo canciones y poemas
en la web que mantengo
con mi propio dominio.
Y a diario alimento mi blog particular.

Si soy sincero,
tal proceder me suena a ultracorrección;
supervivencia, acaso.

¿Por qué recuerdo siempre las palabras
de mi abuela paterna:
Ningún jilguero que se precie
anidará en un árbol joven?

Cada día que pasa, aumenta mi entusiasmo
por Margarit, Pacheco, González o Montero.
Sí. Cuanto más avanzo,
más estoy de regreso.

Millennials, la reciente generación poética,
me traslada —no sé por qué—
a la ciudad mesopotámica
de Uruk y a Gilgamesh, el rey
que diera título al *Poema*.

Irremediablemente, trasnochado.

MI PARTE OCULTA

Apresúrate, queda poco.
Si quieres conocer mi cara oscura,
accede a mis poemas.
Ellos serán la web. Y tú, el navegador.

Jamás escudriñé mi lado oculto
en la *darknet*. Tampoco nadie
—ni *hackers* ni tecnólogos—
recibió tal encargo de mi parte.

Pero tú, como socio
al cincuenta por ciento de estos versos,
tienes la llave, puedes entrar, pasa
a mi *dark web,* no tengas miedo:
navegarás por entre mis luces y mis sombras.

I.
Desgastando suela,
desgastando losa
(Dámaso Alonso)

*De lo que hicimos
queda el lugar, un aire eufórico
y algo hecho añicos que aún respira.*

ERIKA MARTÍNEZ

Un viaje recurrente por el bucle del tiempo

A PIE DE CALLE

A Charo Canales Pineda

Vivo en Lucentum,
junto a la terminal
de autobuses de línea,
cerca de la estación del tren,
frente al puerto marítimo.

Veo mañana y tarde
cómo la vida se traslada
en maletas herméticas,
cómo la soledad
viaja en la mirada
de quienes las arrastran.

La solitud
en la tierra nativa
es sin duda la más hiriente
de cuantas soledades conocí.

Huyendo de sus garras,
el AVE me conduce
a la estación de Atocha,
el final del trayecto.
Camino por las calles de Madrid
hasta cruzar el parque del Retiro.

La línea azul del Google Maps,
el astrolabio que me orienta y guía,
me indica el recorrido.

Quisiera encontrar unos ojos cómplices
que al menos acompañen mi mirada.
                              Y no los hallo.

Lo intento nuevamente
en el bus, en el metro,
en el bar de la esquina,
en el gran almacén,
                    sin éxito.

Se aproxima a mis pies
el caniche de un joven.
Y ambos me ladran.

Me apresuro a entregar
el sombrero olvidado
a un señor de avanzada edad
y no me da las gracias.
Pienso en mis padres,
ya tan mayores cuando yo nací
y, siempre, tan agradecidos.

Nadie repara en mí,
ni hombres ni mujeres
ni viejos ni mendigos
ni chicos ni muchachas.

Llego por fin a la pensión.
Dentro del ascensor,
el último cartucho:
una caricia
a la pequeña de ojos verdes,
pero me da la espalda
mientras su madre observa
sin despegar los labios.

Me siento viejo e inservible
en medio de la urbe,
igual que una cabina telefónica
en la feria del móvil.

Soy el funambulista capaz de superar
sin red varias caídas
y morir de un ligero resbalón
a pie de calle.

Me tumbo en el camastro.
El silencio me hiere los oídos.
Tarda en llegar el sueño.

Ahora rememoro la niñez.
Desde el otero de los años,
se proyecta el perfil de lo vivido:
es patente el fracaso de mi vida.

Solamente se salva el niño,
el fruto del amor de dos adultos
moldeado en mi propia carne.

A partir de la infancia,
los espacios vacíos de mi biografía
son testimonio fiel
de la hueca andadura en la que aún me encuentro.

Orégano y laurel

No hallabas sino orégano en el monte
cuando ceñían
los laureles tu frente.

Eres mediterráneo.
Y no supiste amar lo efímero.
Como si se tratara de una telenovela,
intentaste alargar cada momento.
La palabra *final* no existía en tu léxico.
Pensabas que era eterna la bonanza.
Nada existía fuera del confort conseguido.

El éxito y gran parte de la vida
se marchitó con la corbata.
Ahora que el laurel ya se alejó
de tus sienes de cal,
ahora que en el monte solo hallas espinos,
también pretendes dilatar tu tránsito.
Cada vez son más largos tus poemas.
Los versos proliferan
de forma concienzuda e inaudita.

Te gusta emborracharte.
Tu aguardiente se llama poesía.
Ya te arrastras y escribes versos por las paredes.
Te tambaleas recitando el último poema.

                    Insólita manera
de prolongar el desenlace,
extraña forma de sentirte vivo.

En voz baja

Únicamente cuando se redujo a cenizas
la hoguera de la inmensa vanidad,
amaneció la luz en mi interior.

Y, día a día, la humildad me fue
contando, con la precisión quirúrgica
del cronista, mi historia verdadera.

Mano paterna

No dudo que mi padre
tuviera dudas.

Pero se las llevó todas consigo.

Sus convicciones, sin embargo, viven
—y vivirán ya siempre— entre las mías.

DE MEDIO PELO

Cuesta entender las cosas,
más aún analizarlas
cuando lo hacemos
en las costuras del pasado.

PELLO OTXOTECO

Mi familia paterna fue siempre campesina.
Para seguir su rastro, basta con explorar
la tierra: los bancales del secano,
cementerios y alguna cuneta del camino.

En la estela materna, ya podemos hallar
fotografías, cartas, documentos...
Diríase que fue
una familia menos mísera.

Pero no busques cuadros ni poemas.
No los encontrarás si quiera en la *deep web*.

Ningún antepasado
mereció un solo verso,
una sola mención
y, mucho menos, una pincelada.

Poesía y pintura
escasas veces se ocuparon
de la gente de medio pelo.

ESTRUCTURAS

A Joan Margarit in memoriam

Miro las piedras esparcidas
por el montículo
de la que fuera fortaleza árabe.

No tienen lustre. En su lugar,
unas manchas resecas,
como de musgo desvaído

y otras más claras que recuerdan
las de la queratina
en las uñas de un joven.

Las piedras rememoran unos versos
que el tiempo ha ido mancillando
en el archivo del recuerdo.

Se precisa la mano que los limpie,
que los recoja y examine,
que los pula y ordene.

Y una experiencia que proyecte
sobre aquellos cimientos en desuso
una nueva estructura.

Sí. También los poemas,
como las fortalezas árabes,
se recuperan, resucitan.

Se puede edificar sobre la herrumbre.
Habrá que habilitar espacios
para que dejen paso a los vientos actuales,

desarrollar un nuevo
cálculo de estructuras
como ya hiciera el poeta arquitecto.

Los versos son el andamiaje
que necesita la palabra alada
para alcanzar la bóveda.

Y, desde allí, atravesar la cúpula,
besar las nubes
y convertirse en aire en movimiento.

II.
Rabadanes del hambre
y del arado
(Miguel Hernández)

*Tus padres creen que te conocen
porque saben que sabes
que la tangente de 45° es igual a uno.*

Óscar García Sierra

Murió con un Ducados en la boca

El humo del tabaco

A los nietos de mi padre

Leyendo una novela
de Manuel Vilas,
recuerdo que mi padre
también fumaba.

Sí: Ideales, al principio.
No me gustaba
el color del paquete:
azul y negro, los colores
de un régimen mohíno y lúgubre
en la mente del niño.

Poco después, los Celtas
fueron sus cigarrillos preferidos,
cortos o largos, dependiendo
del tiempo que llevara
la tarea emprendida.

Esta era mi marca.
Sentía devoción por la melena,
por el casco y la espada del vikingo.
        (Fábulas de aquel niño).

Siempre, tabaco negro.
El rubio solamente lo podían
comprar los señoritos de mi pueblo.
Y el padre fue tan solo campesino.

Finalmente, en diciembre
de mil novecientos setenta y ocho,
              con la Constitución,
le llegó la pensión
y a los Celtas, el filtro.
Mejoraban los tiempos.

Murió con un Ducados en la boca.

Aquel verano faltó la miel (*)

Los pinos se poblaron de cigarras en junio.
A primeros de julio, llegaron las abejas.
La calandria, en agosto.
                    En septiembre, la tórtola...

Pero sin tu canción, madre,
sin la miel de tus ojos,
aquel verano
fue demasiado largo y acerbo y frío.

(*) Verso de Ingeborg Bachmann.

Vida

Los dos murieron de pura vejez.

Pero los padres solo vivieron cuatro días.
Y, todos ellos, laborables.

Se perdieron domingos y festivos.

Una noche de enero

Para mi hermana

El hecho de nacer, de abrir nuestros sentidos
en flor al mundo, es ya poesía.
Juan Ramón Jiménez

Me llega el frío de una noche
lejana. Nada veo. Pero oigo
los gritos desgarrados de una
mujer entre el murmullo
de aquella habitación, tan gélida
como las manos que me agarran
por los tobillos.

De repente, descanso
sobre una superficie
mullida, suave. Lloro.
          Los quejidos
se me antojan ahora
suspiros de emoción y de alegría.

Dos palabras despiertan
mis oídos aún dormidos
mientras la luz se acerca
          lentamente.

Cuando nací, mi madre
tenía treinta y nueve años
y mi padre cuarenta y seis.

Muy tarde vine al mundo
o, tal vez, demasiado pronto,
quién sabe.

Extemporáneo en todo caso.

Tenía que ser niña
y cuidar a mis padres
en su vejez cercana:
fallaron ambas predicciones.

Así de miserable fue
la vida de mis padres:
una guerra larguísima, el exilio
y el hijo que no llega
cuando se le desea y necesita.

STANBROOK

A la familia Mesía,
felizmente retornada de México.
Y a la familia Ruiz,
que ya por siempre serán ciudadanos del país hermano.

No suele suceder
—tampoco en pocas horas
se pierde una contienda de tres años—,
pero en la medianoche de un día 28
llovía en Alicante.

El Stanbrook, un barco inglés,
zarpaba desde el puerto viejo.
Como arenques en una bota
—setenta metros
de eslora por apenas diez de manga—,
se hacinaban los cuerpos doloridos
y las almas mohínas de dos mil
seiscientos treinta y ocho pasajeros.

A falta de equipaje, en la bodega
se amontonaban
dos mil seiscientas treinta y ocho
pesadillas y angustias,
el horror de las bombas que arrasaron
el mercado el pasado 25 de mayo,
y una esperanza totalmente rota.
28 de marzo, 1939:
Ningún pañuelo blanco
se divisaba en el oscuro adiós.

Tan solo velos negros
de amargura y tristeza,
miradas llenas de humedad
y lágrimas de desconsuelo y náusea:
la Segunda República,
al igual que una hoguera de San Juan,
era apenas un gris escombro de ceniza,
un sueño pasajero, tan fugaz
como una lágrima de San Lorenzo
a mediados de agosto.

28 de marzo, 1939:
El himno de Machado y de Esplá
no sonaba en el puerto.
El llanto, los gemidos, la sirena del barco
eran los compañeros del viento de Levante:
las gaviotas huyeron hace tiempo,
igual que las palomas y los cuervos marinos.
    Tan solo las palmeras,
agitando sus palmas hacia el cielo,
les daban un adiós triste y aciago.

28 de marzo, 1939:
Por la estrecha ranura
de la esperanza, aún
se abría, diminuta, tímida,
una llama de fe y de confianza:
navegar desde Orán —primera escala—
hasta el ansiado México,
el lejano país donde habitaba
la libertad, ausente aquí y ahora.

En el puerto africano, sin embargo,
les aguardaban nuevas desventuras:
vejaciones, prisión, castigo, muerte...
Ignoraban que muy pocas familias
llegarían a cruzar el Atlántico.

28 de marzo, 1939:
A las 23 horas,
el Stanbrook,
un navío de carga,
un buque carbonero,
zarpaba desde el puerto viejo.
Llovía en Alicante.

Nunca navegará tanta angustia en un barco.
Ni tantísima pena en un poema.

PERFUME

A Fernando Molines, "el Curro"

Se llamaba Dolores, La Dolores,
pero todos la llamábamos La Vieja.
KARMELO C. IRIBARREN

Medio siglo después,
me sigue acompañando
                aquel perfume.
No era Carolina Herrera.

Ni Chanel ni Loewe.
Olía a madurez
                a sudor, a miseria,
a huérfana tristeza.

Subí con ella la escalera
que conducía a la mugrienta márfega
donde debía consumar
la primera experiencia.

Podía ser mi madre.

En el jergón, tumbado bocarriba,
esperé la embestida de sus carnes
como aguarda el marino al leviatán,
entre la incertidumbre y el espanto.

El paso de las décadas
no ha dejado su huella en el sector.
Medio siglo después, decía,
aquel perfume sigue en el mercado.

IMPOTENCIA

Como las chispas en cascada
que desprende el contacto
del cuchillo y la muela
bajo el mirar atento del viejo afilador,
así se van sucediendo mis dudas:

Infancia, adolescencia,
juventud, madurez...

¿Cómo explicar trayectos tan candentes
desde la sombra de una web?

III.
La última rosa del verano
(Thomas Moore)

así que no me hables de tus tesis doctorales
háblame despacio de cómo era yo

ALBA FLORES ROBLA

Ahora eres solo un sueño ausente.
Y como tú bien sabes,
la ausencia es un paisaje desolado.

María

María tiene tres años y medio.
Sin duda,
la criatura más bella del planeta.

Como todos los niños,
practica un mecanismo muy sencillo
cuando se encuentra en una situación
que ella intuye de riesgo.

Esta tarde bajamos a la playa.
No suele suceder por estas fechas,
pero la mar estaba de mal genio
y el viento de levante anunciaba tormenta.

Mira, María, una ola enorme.
Y, con fuerza, María cierra
el celeste turquesa de sus ojos.
Alguien grita: *¡Cuidado, hay medusas!*

Y, de nuevo, María recurre a su remedio:
la oscuridad ahuyenta la amenaza.
Se siente muy segura
en su invidencia pasajera.
Toda ternura e inocencia,
María ignora que mañana
no podrá detener
el momento cegando su mirada...

Desconoce que, aun
           con los ojos abiertos,
la acechará el peligro a cada paso.

SECUELAS DEL VIEJO OFICIO

Para el grupo poético Verso a verso

Siempre sostuve que el poema,
                    la poesía,
es una sociedad
—normalmente sin ánimo de lucro—
                    participada
al cincuenta por ciento
por el poeta y el lector

En estos tiempos de copiosa lluvia,
de cizaña abundante y parco trigo,
de huertos energéticos
y arado desahuciado,
                    precisamos tu ayuda.

Nuevamente se hace necesario
ese canal donde naveguen
el pan de la palabra y el agua del silencio
para alcanzar los campos infecundos.

Siempre fue así:
de la *Odisea* hasta *Les fleurs du mal*,
de San Juan de la Cruz hasta Iribarren,
desde el juglar al cantautor,
desde Gracián hasta Lanseros.

No soy Gustavo Adolfo Bécquer,
ni lo pretendo, pero te susurro al oído:
ese cauce *eres tú*.

De tu concurso,
de tu afinada melodía,
depende en gran mesura,
el éxito de nuestra empresa.

Porque aquí no tenemos un lugar perpetuo

Viajaba en el coche
que embistió el tronco del nogal.
Resultaron ilesos el resto de ocupantes.

Cerca del ataúd y del sollozo,
devotamente rezan el rosario
las beatas del pueblo.

Los compañeros del barítono
depositamos doce rosas rojas
sobre la tapa, junto al crucifijo.

Se suceden los diez misterios.
Después de cada uno, se acrecienta
la falsa letanía del murmullo:

Aún no había tropezado
ni arrojado la primera piedra.
Ave María...

Un alma virgen,
un ángel terrenal.
Padre nuestro...

Quien muere en plena juventud
se sienta junto al Creador.
Gloria al Padre...

Sus compañeros no dejamos
de mirarnos: ¿qué duelo es este
que solo reza y nunca canta?

Dentro del cementerio, se aligera la pena:
canarios y jilgueros —improvisado coro—
trinan el réquiem de Johannes Brahms.

Nuestro amigo, entre ellos,
canta el solo barítono:
Denn wir haben hie keine bleibende Statt.

La búsqueda

A la memoria de María Teresa «Resines»

Si un día no quieres hablar con nadie, llámame,
estaremos en silencio.
GABRIEL GARCÍA MÁRQUEZ

Se va desvaneciendo la presencia
de mi amiga entre ráfagas de viento.
Tal vez en internet encuentre
momentos especiales,
reminiscencias de recuerdos,
restos de aquellos días compartidos.

Enciendo la pantalla.
Exploro un universo alternativo
                    buscando aquel espejo
que me devuelva al menos una imagen,
un beso, una caricia, un bálsamo
para mi soledad y mi tristeza.

En diferentes foros de personas
que atravesaron este mismo duelo,
entre *passwords*, señales y mensajes,
entre las densas ramas del bosque virtual,
pretendo hallar consuelo sin remedio.
En el navegador, la nueva búsqueda:
Rilke: *Las elegías de Duíno*.

Intento recordar:
un gorrión con el ala rota
se posa en el alféizar
de la ventana abierta de un archivo.

La última rosa del verano

A Magdalena Ordinas, in memoriam

Empezamos a ser los compañeros
que se conocen
por encima de la voz o de la seña.
Jaime Gil de Biedma

Me sorprende la mala nueva
junto al castillo de Bellver,
entre el bosque y el mar,
la panorámica que tanto amaras.

La calima de agosto
no afecta la labor
de las redes sociales,
como siempre insensibles
ante el dolor ajeno.

Quise negar tu muerte,
como el apóstata que niega
su religión.
Grité tu nombre
en el templo del viento.
Invoqué al personaje bíblico,
la joven compañera de Jesús
en su trayecto hasta la cruz.
No hallé respuesta alguna.
Todavía esperé encontrarte
en algún punto de la senda
con los ojos abiertos a la vida
y los brazos erguidos hacia el sol.

Pero, tras un instante eterno,
la evidencia venció mi fantasía:
te has ido para siempre,

                    Magdalena,
sin que supiera tu calvario
sin poderte tender la mano
sin brindarte siquiera
unas palabras en tu adiós.

Solamente me queda
el tiempo que vivimos codo a codo.
Fueron muchos los días
de empeño y de ilusión,
escalando peldaño tras peldaño.
Nunca perdiste tu energía.
Sí, fuiste la primera
en romper ese techo de cristal
que parecía inaccesible
para cualquier mujer.

Fuera cual fuera el puesto que ocuparas,
nunca negaste una sonrisa
ni a tu esfuerzo ni a tu templanza,
ni a las miradas que anhelaban
seguir la travesía
que tu firmeza había conquistado.

El sol ya juega al escondite
en los acantilados del Poniente.
Y transita tu imagen
entre mi sombra y el recuerdo.
Regreso a la ciudad.

Ahora eres solo un sueño ausente.
Y como tú bien sabes,
la ausencia es un paisaje desolado.

En su penumbra me extravío.
¡En paz descanses, Magdalena!

INOLVIDABLE

A la memoria de Miguel Bulnes

Era el mejor con diferencia.
Me mostró todas las trampas
y todas las argucias
que solapadamente nos prepara
el destino. Y la forma de eludirlas.

Desde el espejo de sus gafas,
contemplaba la vida con euforia.
La atraía mediante frases *boutique*
y corbatas Hermès de seda virgen,
como si de una joven se tratara.

Después, la cabalgaba
con Ray-ban de montura llamativa
y zapatos oscuros *barrio de Salamanca*.
El resto de la ropa y complementos
aguardaba en lo alto de una consola clásica.

Nunca creyó en la sorpresa,
sino en el buen hacer y en el ingenio.
Todo lo había descontado.
El único suceso sorprendente
era la muerte.
Incluso en este trance,
cabía la esperanza
de una buena gestión:
Porque las damas viejas
también tienen orgasmos.

Llegado el ineludible momento,
quería morir como la memoria:
poco a poco, pasando
del recuerdo a la amnesia
con el sabor de los instantes vívidos,

cautivando a la anciana de la hoz,
de una manera sensual,
inadvertida,
                    dulcemente,
tal como estalla el éxtasis carnal.

La luz nos dice adiós. Funcionarios
del cementerio madrileño
de la Almudena
con la habilidad propia de un forense
y la ayuda de dos cuerdas marinas

bajan el ataúd
hasta alcanzar el tálamo abisal.
(Todo muy apropiado
para quien a sí mismo se llamara
el marino mercante de la banca).

De pie, con su mujer, Teresa,
con su cuñado y sus sobrinos,
me siento un malnacido: me imagino a Miguel
con su *glosario-fueraborda*
seduciendo a la furcia de la parca.

La oscuridad trajina lluvia, amargura y pérdida.

DÍAS DE LLUVIA Y PÁJAROS

Todos los días diluviaba
sin importar la hora
o la estación del año.

Aun así, los pájaros seguían
viniendo a nuestro patio
en busca de alimento y protección.

Nos enojábamos a veces.

Y ahí estaba su caricia,
entre la piel de la palabra
y el terciopelo del silencio.

Entre la lluvia y los jilgueros.

Herrumbre

Te habían explicado
que provenías de la unión
del alma con el cuerpo.
Meticulosamente, examinas la urdimbre.

No encuentras la costura
que une piel, carne y espíritu:
el tiempo borra las señales
de todo aquello que cubriera
un buen día la vida.

Tu cuerpo te recuerda aquel poema
abandonado que, ambulante,
busca un lector benevolente.
Y el ánima te aboca
a la parábola del bosque
talado, recubierto de ceniza.

¿Misericordia, lástima?
No sabes lo que sientes.

La incertidumbre es la sola
compañera de tu alma peregrina;
el pasado, el bastón del penitente
y la angustia, la concha de la vara.

Te registras de arriba abajo
con la impotencia
del colombófilo que atisba
su paloma a lo lejos
y sabe que ya nunca más podrá
seguir su vuelo.

Te entristece la herrumbre del ancla en el jardín.

IV.
En el tedio hasta dar
en la esperanza
(Jorge Riechmann)

Ana,
yo me quedo en buenas manos. Yo me quedo en
buenas voces y con miles de gargantas.

LUNA MIGUEL

Es la esperanza una alcoba
con vistas despejadas a las cumbres.

Habitación Ángel Gonzalez

Acabo de llegar al hotel La Esperanza,
el único rincón en el que habita
la paz en este mundo.
Mi habitación es amplia, acogedora.
La vista llega al bosque
y se pierde entre sombras en la sierra.
Bajo los ventanales, se sitúa
el escritorio con la *tablet*
para facilitar consultas y escritura
o navegar las aguas de internet.
Me llaman la atención dos versos
grabados sobre el cabezal del lecho:

Me duele solo el alma.
*   Nada grave.*

Recostado en la cama
tomo la *tablet*, abro el Word
y escribo:

Sentí mucho su pérdida.
Fue en un día de enero. Siempre
las despedidas son más lacerantes,
más oscuras y crudas, en invierno.

En la fría estación, Caronte embarca
a los hombres de verbo transparente.
Y él era nuestra voz.
Hablaba por nosotros.

Aquel 12 de enero
—un sábado de lluvia y amargura—
nos atenazó a todos
        la orfandad y el silencio.

Perdimos una parte de nuestro patrimonio,
la precisión de la palabra,
la sencillez del verso en el poema claro.
Nunca la inteligencia artificial (IA)
logrará una sola frase con su ritmo y cadencia.
Perdimos un poeta.
        Nada grave.

Madrid y el mundo aún no se han recuperado.

Cierro la *tablet*.

Es la esperanza una alcoba
con vistas despejadas a las cumbres.

EL ACTO

Pero no creas, el inicio
no siempre es tan sencillo
como lo ha sido en la llegada
a mi agradable estancia.

Normalmente, te sientas ante el Word
y el teclado es el eco del silencio;
la pantalla, un desierto virgen;
el léxico, tu único auxilio, tu instrumento.

Discurren por tu mente las palabras.
Son como meteoritos luminosos
que te sonríen desde lejos
sin dejarse atrapar.

Buscas la exactitud del matemático
y la precisión rítmica de un *swing*;
la beldad de las formas femeninas
y el consuelo de un monje tibetano...

No sirven las ideas. Tampoco la emoción.
Precisas la palabra para plasmar tu lienzo.
Esperas impaciente su llegada.
Tal vez mañana.

POEMA IMPOSIBLE

Para Inmaculada González-Carbajal

Sé por Serrat que alguna vez las musas
andan de vacaciones.
Y por Martínez Pérsico que el leve
verbo poético,
a menudo, se cruza de piernas o de brazos.

Así que no me extraña
que mire hoy la sierra y vea solamente
un gran hipermercado —valga la redundancia—,
que hoy contemple el río
y distinga un colmado ambulante en sus aguas,
que hoy mire el torrente y rememore
el mercadillo de mi barrio mísero...

Mientras, pienso que miles
de niños nadan en las aguas fétidas
que corren por sus jugos gástricos
hacia la nada literal del hambre.

Me asaltan después otras evidencias
no menos catastróficas:
guerras, cambio climático, racismo,
violencia machista, homofobia...

Pero, estamos perdiendo el hilo...

Decía que escuchando a Joan Manuel
y leyendo a Marisa,
entiendo que me fallen las musas andariegas
y que el verbo poético nunca se abra de piernas.

Ya que soy incapaz de armar un solo verso,
quisiera dirigirte una pregunta
—la misma que se hiciera Plauto mucho
antes de que naciese Jesucristo—:

¿Será tan lobo el hombre y tan depredador
que se inmole a sí mismo destruyendo el planeta?
¡Ojo avizor!
Parece que esta vez va muy en serio.

AVE MIGRATORIA

Cuando te diga adiós,
cuando el amor se escape de tus manos,
procura que no surja de tus labios
ningún reproche,
ningún insulto ni desprecio.
Solo agradece el tiempo compartido.

Y embellece tu casa.
El amor es un ave migratoria
que no descansa ni detiene el vuelo.
Y siempre vuelve al nido generoso
en el que alguna vez
en otro tiempo se posara.

MIMETISMO

Todas las tardes me visitan dos
palomas, macho y hembra:
más delicada ella, más corpulento él;
más claro el macho, más parda la hembra.
Sobre la barandilla
de la terraza, corren, saltan,
se detienen, se rascan con el pico,
se hacen arrumacos y se montan.
Me miran... son felices.
Hace tres días
que viene solamente él.
Observa la terraza.
Revolotea pero no se posa
sobre la barandilla.
Tres días
que repite la misma práctica:
llega, descansa entre mis pies,
zurea
y llama mi atención.

Después de sus arrullos, me abandona,
se encarama en un olmo, triste, y llora.

El fardo

Una apacible tarde de noviembre.
Todavía sonríe el sol sobre las alas del cernícalo.

Amontono mis años en un fardo.
Le doy la espalda como a una mochila.

Con él a cuestas, salgo a la arboleda:
Intuyo que me aguarda la vida entre los tejos.

A QUIEN ME QUIERA OÍR

Un soneto para mis hijos

Paseo por el campo ya florido.
Este marzo mayea presuroso.
Desconozco el motivo pero siento
el deseo de hablaros de la vida:

Una vida imposible sin el cuerpo,
ese esqueleto frágil y tan débil
como dúctil y efímero. Recuerda:
del hilo de tu cuerpo pende el ánima.

Es la fragilidad nuestro ADN.
Y cada cierto tiempo la amenazan
epidemias, pandemias y otras pestes.

Mientras esto os explico convencido,
un pájaro pequeño —ignoro el nombre—
gorjea entre las ramas de un almendro.

HONDURA

Para Juan M. Fluviá y José Muñoz,
amigos y amantes de lo discreto

Sencillamente,
              sin ningún esfuerzo,
desgrana una a una el mirlo
las notas de su adagio.

El acebuche,
tras el injerto, llegará
a ser olivo
              milenario.

Este riachuelo
          se convertirá,
              andando el cauce,
en ampuloso mar.

La hondura del asunto,
no está reñida con la forma:
la sencillez añade
profundidad a los poemas.

Aunque somos esclavos
del lastre que arrastramos,
la necesaria práctica
de la humildad y la modestia
nos aproxima en gran medida
a lo que somos:

a nuestra ingravidez,
a nuestra indefensión,
a nuestra levedad de pájaro.

Al acecho

Observo cómo el águila,
con un lechal entre las garras,
remonta el peñascal.
Oigo las maldiciones del pastor,
los ladridos del perro
y el balar sin consuelo de la oveja.

Sé que es la ley que impera
                    en la montaña.
Pero no puedo reprimir
el nudo en la garganta,
el espino en el pecho.
Mi propia carne
                    aplasta mi endeblez.

Por momentos, me falta el aire.
En mi interior, la voz de Eric Clapton
y las notas de *Tears in heaven*.

En la más tierna infancia,
siempre hay un águila que acecha,
aguardando el descuido de los padres.
                              O del pastor.

V.
Es muy dura la lluvia
que va a caer
(Bob Dylan)

¿Hallaremos la oración que nos conecte con nuestro yo interior? ¿Algún susurro que nos lleve a alguna energía superior? ¿Es el cielo ese horizonte al que aspiramos o la simple proyección de nuestras inseguridades existenciales?

HASIER LARRETXEA

Y franquear su noche en busca de la luz

GENERACIONES

En la profundidad del código binario,
la nueva metonimia tergiversa
el sentido de cada verso:
se enmascara el poema
entre las aguas de un océano
de información sombría
y las oscuras simas del abismo virtual.

La palabra, no obstante,
sigue siendo la reina en una corte
de *bytes* y melodías electrónicas.

El joven *millennial* se mira en el espejo
de Juan Ramón Jiménez.
Mientras que la *experiencia*
de la generación que le precede
busca nuevos caminos en los versos
de Vicente Monroy u Óscar García Sierra.

Los unos y los otros saben
que el poema, ajeno a estos avatares,
siempre tendrá la última palabra.

El maratón

Es un aprendizaje duro,
inasumible a veces,
e inalcanzable
para los más desventurados.

Después de una carrera
                    de obstáculos,
después de un cúmulo de esfuerzos
de cuerpo y mente para superarlos,

cuando la meta ya se encuentra próxima
y tras ella, tal vez,
                    la paz, la calma, la bonanza,
empiezas a entrenar de nuevo.

Y sacas fuerzas de flaqueza
para lograr también el éxito
en la última prueba,
                    en la definitiva,
en la más rigurosa y asimétrica:
baja energía, incierto recorrido,
calzado deficiente y altas vallas.

Intentas superar el maratón de la vejez,
ser el atleta más achacoso y longevo.

Resiliencia

La vida nunca abdica.
He visto germinar higueras
—que algún día darán frutos y sombra—
entre los gruesos muros
de una iglesia románica.

Y franquear su noche en busca de la luz.

Poder oculto

Una flor, una sola,
es esencial para que el mundo
se vista de fragancia.

Te crees ínfimo.
                    Y, sin embargo,
el universo entero habita en ti.

GRAVEDAD

Se encabalgan las horas sin demora.
El sol es solamente una metáfora.
Del árbol de la vida, a duras penas pende
la última manzana.

Newton te guiña el ojo.

Mirando al este

En donde yo fui el sol, la flor, el viento azul
Francisco Brines

Después de tantos años
desparramados
por distintos lugares,
vuelves al único rincón
que consideras tuyo.

Sorolla pinta los destellos
de un sol que nace
desperezándose
entre dos nubes.
Y deslumbra tus ojos.

Nadie te espera.
Solamente la tierra que tu padre
cultivó con sus propias manos.
Y el azul. El azul de las fachadas,
del aire, de la mar que intuyes próxima.

Rescatas de tu mundo ya perdido
unes albades —canta todo el pueblo—
y una canción de trilla,
la horca diminuta de madera
y el obeso caballo de cartón.

Por fin miras al Este, hacia Elca.
La luz parece levantarse
de los escombros de aquel tiempo
y mostrarte el camino de retorno.

Hasta este momento,
nunca supiste adivinar
que el equilibrio se halla
                              justamente
en el punto de encuentro
de lo virtual y lo existente,
en la fina costura que une
el universo cibernético
con las casas y campos de tu pueblo.

¿Quién te iba a decir
que pasado y futuro
continúan su idilio
en feliz maridaje,
que la vida es redonda
y que, como la tierra, también gira
sobre su propio eje?

*Internet es como un gran inventario (de información),
pero no constituye en sí misma la memoria.*

UMBERTO ECO

ÍNDICE